Europa in

Haufenreimen

Zur Autorin:

Die Stipendiatin der Bayerischen Hochbegabtenförderung Sissy Vogg schloss ihr Jurastudium und ihren Magisterstudiengang Lateinische Philologie mit den Nebenfächern Altgriechisch und Klassische Archäologie erfolgreich ab, ehe sie sich zur geprüften Fachberaterin für betriebliche Altersversorgung ausbilden ließ. In diesem Beruf ist sie heute als selbständige Beraterin tätig. 12 Jahre lang war sie außerdem Stadträtin für die Ökologisch-Demokratische Partei (ÖDP) in Augsburg, wo sie 1966 geboren wurde und seit 1985 lebt.

2007 veröffentlichte Sissy Vogg im Frauenaug-Verlag ihren Roman mit dem Titel „Brüder, Söhne, Liebhaber" und
2023 das Lehrgedicht „Gereimte Evolution" im BoD-Verlag.

„Europa in Haufenreimen" ist ihr drittes Buch.

Sissy Vogg

Europa in Haufenreimen

Von Albanien bis Zypern

Stand 1.2.2023

Bibliografische Information der Deutschen Nationalbibliothek:
Die Deutsche Nationalbibliothek verzeichnet diese Publikation
in der Deutschen Nationalbibliografie; detaillierte
bibliografische Daten sind im Internet über dnb.dnb.de
abrufbar.

© April 2023 Sissy Vogg
Herstellung und Verlag:
BoD - Books on Demand, Norderstedt
ISBN: 978-37-4609-964-4

Inhaltsverzeichnis

Albaner   13

Andorra   15

Balten   18

Belarus   20

Belgier: Flamen und Wallonen   21

Bosnien-Herzegowina   23

Briten   26

Bulgarin und Bulgare   28

Dänin und Däne   31

Deutschland   33

Finnen   37

Franzosen   39

Griechen oder Hellenen   41

Iren   44

Isländer   46

Italien oder Italia   48

Zugabe: Italien und sein Latein   51

Kanalinseln   54

Kosovaren   56

Kroaten   58

Liechtensteiner   61

Luxemburg oder Luxembourg   63

Malteser   66

Moldau   68

Monegassen   70

Montenegro   72

In den Niederlanden   74

Nordmazedonin und Nordmazedone   76

Norwegen   78

Österreicher   80

Polen   81

Portugiesen   83

Rumänen   85

Russland   87

II

San Marino   91

Schotten   93

Schweden   95

Schweizer   96

Serben   97

Slowakei   99

Slowenin und Slowene   102

Spanier, früher Iberer   105

Tschechen   107

Türkei   109

Ukraine   111

Ungarn oder Magyaren   113

Vatikan   115

Zyprioten   118

***

Vorwort

Beim Reimen hielt ich mich an diese Regel:

Die letzte Silbe des Ländernamens bzw. einer im Deutschen bekannten Bezeichnung für die Einwohner*innen eines Landes bestimmt den Endreim.

Liebe Schweden, wundern Sie sich bitte nicht, wenn das Gedicht Ihres Landes recht kurz ausfällt. Leider gibt es in der deutschen Sprache auf „eden" viel weniger Reimwörter als z.B. auf „and" oder „aten".

Generell ist der Haufenreim ein sehr enger Rahmen, vor allem im Hinblick auf mögliche Inhalte. Umso erstaunlicher ist es, wie viele Details sich dann doch aneinandergereihten und wie umfangreich dieses Buch wurde. Ursprünglich hatte ich mit maximal dreißig Seiten gerechnet.

Wer sich einen Überblick über die Vielfalt europäischer Länder inklusive ihrer Geschichte verschaffen will und Freude an Versen hat, wird dieses Buch lieben.

Viel Spaß beim Lesen!

Albaner

Albanien ist als Staat ein sehr montaner,

in der flachen Hälfte leben fast alle Albaner.

Die reiche Artenvielfalt gefiele keinem Spartaner.

Mit 100 % aus Wasserkraft ist das Land
„Energieveganer".

Die Abfallentsorgung harrt aber noch der Planer,

die verglichen mit anderen Ländern spontaner.

Ein Unding für ökologische Mahner.

Die Labeaten waren die ersten herrschenden
Wegbahner.

Es folgten Rom und Byzanz als Absahner.

Später herrschten über sie Serben und
Venezianer.

Die Osmanen missionierten sie als
Mohammedaner,

durch befohlene Umsiedlung von Türken wurde
das Land urbaner.

Nach unter Besatzung und Beeinflussung lange
vertaner

Zeit ist die in Eigenregie geführte Demokratie
humaner.

Allerdings handeln einige Drogen wie der
Kolumbianer

schlimmste Bosse, so dass trotz momentaner

Fortschritte sehr viele ihr Glück suchen als
Exilalbaner.

Andorra

Zwei ausländische Amtsträger sind Staats-
oberhaupt in Andorra,

der Bischof von Urgell und als Nachfolger der
Grafen von Foix

der französische Präsident – eine
Weltbesonderheit voilà!

Ein gewähltes Parlament ist aber auch noch da.

Umstritten ist, ob der Landesname stammt vom
baskischen „anorra"

für „Wasser" oder vom arabischen „ad-darra".

Von mediterran bis alpin ist die Bandbreite an
Fauna und Flora,

obwohl das Land nur so klein, oh là là.

Erste Bauern hinterließen Steinsärge in Balma de la Margineda.

Hannibals Elefanten sind laut Polybios vorbeigezogen mit Trara.

Ab 839 gibt es Urkunden zur Grafschaft, eine ging nach Barcelona.

Der Graf verkaufte an den Bischof von Urgell und ja,

der übergab die Arbeit an Familie Caboet. Deren letzte Erbin Arnaua

ehelichte einen Verbündeten des Grafen von Foix.

Als Katharer stand der zur Kirche wie Eis zu roter Lava.

Der Konflikt endete erst 1278 bei einem Treffen in Lleida,

der eine Teilung der Herrschaft über die Region vorsah.

1419 kam es zur Gründung des „Consell de la Terra",

einem bemerkenswerten Urparlament –
hallelujah!

Erst 1993 dann die Umwandlung in einen
modernen Staat geschah

mit getrennten Gewalten wie einer unabhängigen
Justitia.

Andorra ist nicht Teil der EU, doch ihr durch
Verträge sehr nah.

Balten

Südlich der Finnen leben die Balten.

Indoeuropäer sind sie, die sich mit den alten

Eingeborenen mischten, als sich im Osten Völker
ballten.

Sprachliche Besonderheiten blieben so erhalten.

Später begannen sie, sich in West- und Ostbalten
aufzuspalten.

Sie handelten mit Honig und Pelzen, die wegen
der kalten

Winter als besonders dicht und wertvoll galten.

Auch Bernsteine wussten sie schön zu gestalten.

Es wanderten Slawen hinzu mit friedlichem
Verhalten.

Später wollten die Russen die Bewohner als Untertanen halten,

weswegen die sich Gewehre umschnallten.

Vergebens! Lange sind es die Russen, die sie verwalten.

1989 ließ sich die baltische Kette nicht mehr zusammenfalten,

bis 2004 die Sektkorken zum EU-Beitritt knallten.

Belarus

Als 1991 mit der Sowjetunion ist Schluss,

erklärt seine Unabhängigkeit auch Belarus.

Drei Jahre später kam an die Macht die harte
Nuss,

die noch heute bereitet viel Verdruss.

Wegen Lukaschenko fiel schon mancher Schuss.

Er sollte endlich aufhören mit dem Stuss

und zugeben, dass 'ne Wahl ehrlich sein muss.

Bisher profitiert das Land nicht vom Tourismus,

zu viel Strahlung ging nieder in seinem Radius.

Dabei bräuchten seine Kassen deutlich mehr
Plus.

Anzuschauen wäre schon vieles mit Genuss,

zum Beispiel auf Reisen mit dem Omnibus.

Belgier: Flamen und Wallonen

Im Lande namens Belgien wohnen

zusammen Flamen und Wallonen.

Laut Caesar Belgii die Gallier nie schonen.

Grausame Könige saßen auf belgischen Thronen.

In den Kongo rückten deren Heere ein mit
Kanonen,

Plantagen wurden zu Handabhackzonen.

Heute regen sich dazu Diskussionen,

nicht selten auf Plätzen mit Megaphonen.

Viel entspannter sind die Epigonen,

die Feines herstellen aus Kakao- und Kaffeebohnen

und Schokolade füllen in Muschelschablonen.

Gäste auch die Güt' von Bier und Pommes oft betonen.

In Brüssel geht es zur Sache um die Euronen,

die z.B. Landwirte für Umweltschutz belohnen.

Bosnien-Herzegowina

Das Land hat nur 20 Kilometer Küste an der Adria.

Viele bedrohte Pflanzenarten leben im Nationalpark Sutjeska.

Einer der größten Urwälder ist hier, der Perucica.

Zu bewundern sind auch seltene Vertreter der Tulipa.

Seit 1995 ist der Staat in seiner jetzigen Form da.

Bosnien, das so benannt nach dem Fluss Bosna,

und Herzegowina bilden es zusammen und ja,

letzteres bedeutet „Herzogsland" auf Wunsch von Fürst Kosača.

Die Jungsteinzeitkultur Butmir hinterließ Spuren in der Region Ilidza.

Einzigartig geschmückt sind die Reste ihrer Terracotta.

Unter den Römern gehörte die Region zur Provinz Illyria.

Im 7. Jahrhundert kamen Slawen ohne großes Trara.

Später setzten sie Osmanen auf ihre Eroberungsagenda.

Dann kamen die Habsburger an die Macht und voilà

entstand zur Volkszugehörigkeitsfrage jede Menge Blabla,

das ab 1990 mündete sogar in Krieg und „Säuberungs"propaganda.

250.000 Menschen starben daran in Bosnien-Herzegowina.

Kriegsverbrecher zu bestrafen, beschäftigt
Europas Justitia.

Kinder vor Minen zu warnen, ist noch heute
Alltag für Mama und Papa.

Danach standen sich die Völker nicht mehr nah

genug für einen Balkanstaat, sondern gründeten
mehrere für sich extra.

Friedlich leben derzeit alle zusammen – hurra!

Briten

Die britischen Inseln haben viel zu bieten.

Man findet an vielen Stellen Ammoniten

und einige Kreise aus Megalithen.

Nachdem die Römer aufs Eiland gerieten,

entpuppten sich uneinige Verteidiger als Nieten.

Als später Berater zum Bau einer Flotte rieten,

besiegte Queen Elisabeth mit ihren Briten

die Spanier. Die hingen zu sehr an alten Riten.

Danach fuhren Briten auch als Schiffsbanditen

übers Meer. Über sie, Könige und Parasiten

schrieb Shakespeare Verse und dramatische
Viten.

Wie es die Serie zeigt am Platz von Eaton,

las das Empire später vielen Völkern die Leviten.

Sogar die Nazis konnte es alliiert defeaten.

In den Sechzigern fingen die Briten an zu beaten.

Sehr viele sich erfolgreich in diese Musik knieten.

Heutzutage wird debattiert über alle Formen von Exiten.

Lustig anzuschauen sind des Parlamentes Requisiten.

Ginge es nach den Royals, die Brexiteers in der Hölle brieten!

Bulgarin und Bulgare

Hier lebten vor 47.000 Jahren Sapiens-Menschen-
paare,

der früheste Nachweis in Europa und Grund für
'ne Fanfare.

In der Bronzezeit folgte der Thraker als Indo-
germanvorfahre.

Der thrakische Stamm der Odrysen schuf
wunderbare

Stücke aus Gold, die den Tisch schmückten oder
die Haare.

Später eroberten Römer das Land und tauschten
ein manche Ware.

Ab 678 umfasste das Erste Bulgarische Reich am
Nostrum Mare

fast den gesamten Balkan und das über 330 Jahre.

Byzanz zahlte ihm Tribute, quasi Herrschafts-
honorare.

Am Hof von Boris I. entstand Kyrillisch als
lesbare

Schrift. Später schickte Byzanz Priester und
Talare,

auf dass der Christengeist auch in dieses Volk
fahre.

Tarnowo war eine Stadt der Kulturausstrahl-
exemplare,

die sich der ganze Balkan in guter Erinnerung
bewahre.

Osmanen kamen als nächste, mit ihnen Bazare.

Sie herrschten hier fast als Halbjahrtausend-
Jubilare.

Im russisch-türkischen Krieg starben viele
Landeskinder auf der Bahre,

trotzdem errang seine Freiheit noch nicht der
Bulgare.

Die Wirtschaft wurde 1944 unter den Sowjets eine planbare,

damit sich die Gesellschaft den Klassenkampf spare.

Als sich in der Sowjetunion die Wende vollzog, die klare,

erhielten Bauern hier wieder die Regie über ihre Hektare.

Südlich vorbei ziehen übrigens Scharen der Stare.

Außerdem besuchten Bulgar*innen Seminare,

damit ihr Land wirtschaftlichen Aufschwung erfahre.

Seit 2007 gibt es hier auch EU-Formulare.

Dänin und Däne

Zwischen Nord- und Ostsee wohnen Dänin und Däne.

Ihre Könige verfolgten eisern Eroberungspläne,

gefürchtet waren ihre flachen Drachenkähne.

Später vergoss noch die Hanse manche Träne,

bis die Schweden Landesteile hielten für ihre Domäne.

Erfunden ist das Stück mit der berühmten Szene,

in der eines Vaters Schädel hinter des Thrones Lehne

dem Sohne zeigt „Mord" wispernd seine Zähne,

auf dass der die Mutter nicht länger unschuldig wähne.

Für den Mord wählte sie Gift, keine Blutfontäne.

Heute erfreuen alle Welt dänische
Presskunststoffspäne.

Touristen genießen Fahrten der Küstenkapitäne,

und die Meeresjungfrau zeigt stolz ihre
Bronzemähne.

Deutschland

Die älteste Tier-Mensch-Figur der Welt sich hier
fand.

Auch eine Flöte hatten die Steinzeitler im
Bestand,

auf sie stießen Archäologen im Höhlensand.

Später kamen Germanen und andere angerannt.

Arminius, der Cherusker, sogar die Römer
überwand,

während ganz Rätien unter römischer Herrschaft
stand.

Karl der Große nach ihnen die Landesteile
zusammenband,

bis nach Frankreichs Westen ragte seines Reiches
Rand.

Als nächster übernahm Otto der I. als Kaiser das
Land,

„Heiliges Römisches Reich Deutscher Nation"
dann genannt.

Wann immer ein Kaiser nach ihm hatte eine
schwache Hand,

seine Macht durch die Macht der Fürsten
schwand.

Johannes Gutenberg war es, der bewegliche
Lettern erfand.

Mit ihnen konnten sich Luthers Lehren rasant

im ganzen Land verbreiten, ein wahrer
Glaubensbrand.

Der 30-jährige Krieg folgte Luthers Bibelband,

das ganze Land wurde zu des grausigen Krieges
Unterpfand,

viele Landstriche zu einem Drittel entfraut und
entmannt,

bis der Westfälische Friede allen Feinden die
Waffen entwand.

Nun Königreich um Königreich entstand,

erst Bismarck, auch gestützt auf Kant,

schließlich wand des Deutschen Reiches Band.

Im Weltkrieg Nummer I wird erstmals Giftgas
angewandt.

Mit Hitler kommen Weltkrieg zwei, Holocaust
und große Schand',

die für alle Zeiten bleiben wird ins Gedächtnis
eingebrannt.

Geteilt wurde Deutschland in Feindschaft
eingespannt.

Da Marx verehrt, dort ins Geschichtsbuch
verbannt.

Erst 1989 endete der Spuk, nach Westen zog es
den Trabant.

Mit dem Grundgesetz über der Gesetzeswand,

das ein wunderbarer Menschenrechtsgarant,

lebt es sich für jedermensch recht entspannt,

egal ob vor Jahrtausenden oder später Immigrant.

Bei der Klimawende ist Deutschland derzeit Proband,

seitdem das Problem endlich richtig erkannt.

Wir Lebewesen sind schließlich alle miteinander verwandt.

Finnen

Im Nordosten der Ostsee leben die Finnen,

die sich auf die Samen als ihre Vorfahren
besinnen.

Die lebten frei als Rentiernomaden mit stolzen
Kinnen.

Aus Uralgebieten stammend beginnen

Menschen hier spät zu siedeln, erst binnen

der letzten 8000 Jahre. Viele Wasser rinnen

im Lande, tausende Seen liegen darinnen.

Besonders ist, dass Finnen lange Wörter spinnen;

in Endungen reihen sich Inhalte aneinander wie
Zinnen.

Ihre Regierungen setzen gern auf Finninnen.

Schon 1906 durften Frauen hier Sitze gewinnen,

der Spitzenplatz weltweit zum An-die-Wand-
Pinnen!

Russlands Herrschaft konnten sie 1917 entrinnen.

Mit Sonderwegen lavierten später ihre

Politiker*innen.

Alkohol trinken Finnen seit jeher wie von Sinnen.

Franzosen

Vercingetorix ward zwar in den Kerker gestoßen,

und Wikinger raubten den Parisern Preziosen,

aber danach ging es aufwärts mit den Franzosen.

Louis XIV züchtete in Versailles schöne Rosen

und ließ sich betupfen aus gold'nen Puderdosen.

In der Orangerie züchtete er Aprikosen.

Als Marie Antoinette schimpfte über die
„Mimosen",

machten Pariser sie plus Gatten zu Kopflosen.

Die Menge fuhr fort, wild zu tosen.

Kopf auf oder ab glich Lotterielosen.

Die Revolution veränderte viele Chosen,

unter anderem verlängerte sie die Hosen.

Dann bejubelten alle Bonaparte, den Großen,

den Gesetzesgebungsvirtuosen,

der seine Armeen zu ganz grandiosen

Siegen führte. Berühmt für die Posen

sind seine Bilder, die noch viele liebkosen,

von den Bossen bis zu den Matrosen.

Manche sprechen gar von Apotheosen.

Vergäße man das Essen, hätte man Neurosen.

Lecker ist alles von den Braten über die Soßen,

die Nachspeisen bis hin zu den Spirituosen.

Selbst Gott genieße die Genüsse, die famosen.

Hin zum „Savoir vivre" gefallen Metamorphosen.

Griechen oder Hellenen

Wegen ihrer Vorfahren flossen bei Troja nicht nur Tränen.

Homers Illias-Held stand Pate für die „Achillessehnen".

Zeus verführte Jungfrauen in Gestalt von Stieren oder Schwänen.

Seine Gattin Hera wünschte ihn deshalb auch unter Hyänen,

damit die ihn beißen und quälen mit scharfen Zähnen.

Ihre Naturforscher fragten nach bestimmten Phänomenen.

Schon Hippokrates unterschied Arterien von Venen.

Vermutlich verdanken wir ihm die Idee der Quarantänen.

Ihre Mathematiker berechneten die Hebelast von Kränen.

Ihre Philosophen diskutierten noch unter Gähnen.

In Theatern spielten sie ihrer Dramen Szenen.

Für dies und die erste Demokratie ehren wir die Hellenen,

Noch heute benutzen wir Wörter, die sich an ihre lehnen.

Die Psychologie z.B. spricht von „Schizophrenen".

Alexander, der Große, besiegt Perser, die sich unschlagbar wähnen.

Später wird Griechenland Teil von Roms Domänen.

Auch unter den Osmanen sie sich nach Freiheit sehnen.

Als Freie schmieden sie heute mit an Europas
Plänen

und begrüßen Touristen auf ihren Kähnen,

ehe jene sich an den Stränden wohlig dehnen.

Iren

Berühmt für Lieder und Musik sind die Iren,

die in Pubs beim Trinken von Bieren

mit ihren Melodien brillieren

und die Herzen der Menschen berühren.

Auch bei ihren Tänzen kann niemand frieren.

Ihren Barden standen immer offen alle Türen.

Auch den Druiden, denen es oblag, sie geistig zu
führen.

In dieser Tradition fahren die Iren fort, Gälisch
zu parlieren.

Hungernöte trieben viele zum Emigrieren.

Mittellos landeten sie an Amerikas Pieren,

wo Protestanten Sorge hatten, sie für Ämter zu
küren.

Viel zu oft gab es Gründe fürs Marschieren.

Die Trennung in Nord und Süd geht ihnen an die Nieren.

Schuld sind die Engländer, die auch hier nach Herrschaft gieren.

Wer für, wer gegen sie ist, lebt sogar in getrennten Revieren.

Zum Glück schadet der Konflikt nicht den Tieren,

die auf den grünen Feldern frei flanieren,

deren Ränder oft Rhododendronbüsche zieren.

Der Brexit zwingt die Briten, vieles neu zu schnüren.

Vielleicht dürfen bald alle Iren mehr Freiheit spüren.

Die würde ihnen auf jeden Fall gebühren,

auch wenn die Engländer einen Landesteil verlieren.

Isländer

Island ist eines der ganz besonderen Länder.

Obwohl viel Kälte vermerkt im Kalender,

ziehen sich über einige Berge rote Bänder:

Vulkane, was für willkommene Wärmespender!

Sie sind auf der Insel die einzigen Verschwender!

Die Wikingerenkel sind gute Ressourcen-
verwender,

ihre Pferde wegen Tölt und Pass behänder.

Erik der Rote schaffte es bis an Amerikas Ränder.

Dort gab es für ihn, dessen Vorfahren
Kirchenschänder,

keine Schätze zu holen wie silberne
Kerzenständer.

Sehr weit vorn ist Island im Bereich „Gender".

In Isländisch übertragen achtzehn Sender.

Hákarl verschmähen nur Nicht-Isländer.

Italien oder Italia

Die Neandertaler waren schon vor 1,3 Millionen Jahren da,

130.000 Jahre alt ist der erhaltene Leichnam des Mannes von Altamura.

Felsbilder gibt es nur wenige, z.b. in Val Camonica.

Griechen und Punier gründeten Kolonien z.B. auf Sizilia.

Etrusker verhütteten schon Eisen in Pupluna.

In Norditalien siedelten Leute aus Gallia.

753 wurde eine kleine Stadt gegründet, genannt Roma.

Nach sieben Königen rief diese aus die res publica.

Als die Gallier in Rom kamen den Römern viel zu nah,

rückte Rom seine Armee ganz oben auf die Agenda.

Fortan erwies sich diese als siegreich et voilà

waren die Punier weg nach den Bella Punica.

Auch Griechenland wurde römische Provincia.

Unter Trajan dehnte sich das Reich von Mesopotamia

bis Portugal, vom langen Nil bis nach Britannia.

Es brachte Europa Straßen, Aquädukte und die Pax Romana.

Nicht zu vergessen der große Einfluss der Sprache Latina.

Während der Völkerwanderung verließ Fortuna

Rom, nun schrien Germanen in seinen Mauern „hurra".

Der Ostteil des Reiches trennte sich ab und sang
„Hosianna".

Ab dem 14. Jahrhundert sind es Stadtstaaten wie
Florenz und Venezia,

die kulturell und wirtschaftlich sorgen für neue
Grandezza.

Renaissance ist das Motto, der Antike
Wiedergeburt, ja,

sie legte den Keim, zu sprengen das Korsett der
Ecclesia

sancta katholica, die nun weltweit agiert aus ihrer
Enklave Vaticana.

Seit 1861 besteht als Monarchie der moderne
Staat Italia,

nach Benito entschied sich 1946 das Volk für
pure Democrazia.

Wer Italiens Kunst sieht, findet sie „bellissima".

Das gilt auch für Opern in Verona oder an Mailands Scala.

Touristen genießen Weine, frutti di mare, Pannacotta, Pizza,

und das Sonnenbaden von der Riviera bis an die Adria.

Zugabe: Italien und sein Latein

In Italiens Blütezeit sprach mensch dort Latein.

Das römische Reich ging hervor aus einer Stadt, die sehr klein.

Die sieben Hügel waren zwar als Wohngebiet fein,

zuerst wollten aber nur Verbrecher hinein.

Erst als die Römer Frauen stahlen, wie gemein,

ging es bergauf. Das Konzept „mein und dein"

behagte den Römern nicht sehr. So drohte Bruder Hein

allen, die sich Rom in den Weg stellten und, nein,

außer den Germanen hinter dem Rhein

versagten die Armeen anderer Völker ungemein.

Hannibal überwand gar das Alpengestein,

doch kurz vor Rom knickte er ein.

Da hatten die Römer noch mal Schwein.

Als erster Kaiser baute Augustus den Ara Pacis-Schrein.

Die Römer brachten wirklich nicht nur Pein.

Ihre Prachtbauten und Straßen aus massivem Stein

bestechen noch heute durch ihr tolles Design.

Auch das römische Recht war nicht nur Schein,

sondern versuchte, wirklich gerecht zu sein.

Später schnappte sich die Herrschaft ein römischer Verein.

Der herrschte zwar überall mit, wenn auch nicht allein.

Sein Gott wollte, dass die Seelen aller von Sünde rein.

Die Schönheit von Land und Kunst ist zum Schrei'n.

An den Stränden liegen Sonnenliebende in Reih'n,

und freuen sich auf italienische Leckerei'n.

Kanalinseln

Der Kanalinseln größte und bevölkerungsreichste
ist Jersey,

die anderen heißen Guernsey, Sark und
Alderney.

Zum Vereinigten Königreich gehörten sie nie,

aber vor Chef oder Chefin der englischen
Monarchie

beugen sie, obwohl parlamentarisch regiert, ihr
Knie.

Nicht nur Englisch, auch einen normannischen
Dialekt sprechen sie.

Ihre Erde mehr Neandertalererbe ausspie

als die von ganz Großbritannien – hihihi!

Auch Megalithanlagen bauten sie mit Fleiß und
Genie.

Später gehörten die Inseln dem Herzog der
Normandie.

1940 von der Wehrmacht besetzt, waren sie ab
Kriegsende wieder free.

Steuerbehörden ritten gern ein mit ihrer
Kavallerie.

Das aber dürfen die nur in ihrer Fantasie.

Auf ihre Kosten kommen hier alle mit
Orchideenphilie.

Zwölf Meter Tidenunterschied bearbeiten die
Küsten, aber wie!

Kosovaren

Pristina ist die Hauptstadt der Kosovaren,

die früher Jugoslawen waren.

Seit dem Kosovokrieg, dem furchtbaren,

liegen sich Völkerrechtsexperten in den Haaren.

Nur 60 % in den Vereinten Nationen würden das
Land bewahren,

die anderen glauben, es ließe sich sparen.

Besonders Serbien zählt es zu seinen Landes-
teilexemplaren,

gibt aber zu, man sei noch auf der Suche nach
den wahren

Landesgrenzen. Zu weite bergen auch Gefahren.

Fernweidewirtschaft betreiben Kosovaren seit
unzähligen Jahren.

Die berggesäumten Senken erlauben es
Pflugscharen,

tief und leicht in die Böden einzufahren,

so dass sich Marktstände biegen vor Waren.

In der Antike siedelten Illyrer auf den Hektaren.

Zur Provinz Roms machten es dessen Heer-
scharen.

Später herrschte Byzanz, ehe die Wanderung der
Awaren

für Unruhe sorgte. Dann teilten sich das Land
Bulgaren

und Serben, bis die Byzantiner erneut mit
Fanfaren

einzogen. Die wiederum wurden vertrieben von
den Janitscharen

der Osmanen. Seither mangelt es an klaren

Zuordnungen, doch nicht, was wichtiger, an
Liebespaaren.

Kroaten

An den herrlichen Stränden der Kroaten

kann mensch im türkisfarb'nen Wasser waten.

Ihr Meer schützten sie 2004 ganz, nicht in Raten,

was sich Italien und Slowenien verbaten.

Über 1000 Inseln haben nicht viele Staaten.

Auch ihre Wälder sind keine Kastraten.

95 Prozent sind naturbelassen, sehr gute Daten!

Bei ihren Wasserfällen Gäste gar in Verzückung
geraten.

Neandertaler aßen vor 130.000 Jahren Braten.

Später bauten sich hier Griechen Katen.

Die Römer benannten die Provinz nach den
Delmaten.

Berüchtigt war sie auch für ihre Piraten.

Landessohn Diokletian ehrte in Split seine Penaten

als entschiedener Feind christlicher Oblaten.

Gegenüber diesen Gläubigen befahl er Missetaten.

Später herrschten oströmische Potentaten,

ehe 925 eigene Könige die Herrschaft antraten,

bis osmanische Heere nahten.

Mit der Gnade sowjetischer Autokraten

wurde Tito zum neutralen einenden Paten

der „Jugoslawien" genannten Balkanstaaten.

An ihm Kritik zu üben, wollte er keinem raten.

Diese Einheit zerstörten in den Balkankriegen Granaten,

Europa schickte nicht nur Diplomaten,

sondern auch Blauhelmsoldaten,

ehe die Verfeindeten um Waffenstillstand baten.

Heute arbeiten zwar alle mit dem eigenen Spaten,

aber doch gemeinsam an europäischen Saaten.

Bewähren sich die Kroaten als gute Demokraten?

Liechtensteiner

Im deutschen Sprachraum ist kein Staat kleiner

als der, den ihr eigen nennen die Liechtensteiner.

Die ersten menschlichen Zweibeiner

siedelten hier vor 7000 Jahren, feiner

wurde das Land unter den Römern, die ja
Lateiner.

Später bemächtigten sich Alemannen seiner.

Ab 1180 waren seine Fürsten clevere
Politschreiner.

Nur dem Kaiser wollten sie dienen, dem
Reichseiner.

Dem Hans Adam von Liechtenstein befahl
praktisch keiner

mehr. Sogar gegenüber Hitler saß kein Greiner

auf dem Fürstensitz, sondern ein Freiheits-
hardliner.

Wie die Schweiz blieb das Fürstentum als einer

der wenigen Staaten neutral, für Hitler ein reiner

Affront. Doch dessen Politik war viel gemeiner.

Wegen der Steuerpolitik beschweren sich heute
Anrainer.

Sie ist sogar verlockend für Saudis und Bahrainer.

Luxemburg oder Luxembourg

Im Großherzogtum Luxemburg oder
Luxembourg
pflegen die Leut' eine Dreisprachenkultur,
in der Deutsch und Französisch nicht nur
genutzt, sondern auch Luxemburgisch aus
moselfränkischer Flur.
Die Königlichen Hoheiten folgen der
Nachfolgeschnur,
die Parlamentarier gewinnen ihre Sitze per
Kandidatur.

Kelten, Römer und Wandermönche sorgten für
eine erste Struktur.
Unter Graf Siegfried, der das Land kaufte,
gewann es weiter an Statur.

1308 gewinnt sein Nachfahre die Königswahl mit
Bravour,
das Gebiet den Aufstieg zum Herzogtum erfuhr.

Als der Hauptlinie das Aus bereitete die Natur,
hob die Nebenlinie die Habsburger in die
Herrscherspur,
belgische und holländische Fürsten machten mit
bei dem Parkour.

Frankreichs Könige hielten dies für eine fiese
Tour
und schickten ihre Soldaten, gewiss nicht zur Kur.

1867 fassten Luxemburger ihr Motto wie zu
einem Schwur,
das brachte ihnen die Neutralität, eine erste
Zäsur.

1890 fand statt des ersten Nassauer Fürsten
Investitur.

Zweimal rückten die Deutschen ein in
Soldatenmontur.
Allen Annexversuchen gegenüber blieben die
Luxemburger stur.
Ihren Leitspruch „Mir welle bleiwe wat mir sinn"
singen sie in Dur
und genießen seit 1945 ihre Freiheit pur,
seit 1948 auch ohne Neutralitätslasur.

Mit fünf anderen Staaten sorgten sie dafür, dass
1957 der EU-Zug losfuhr.
Ausländische Finanzämter machten hier gern mal
Inventur.

Malteser

Viele, Karthager, Römer, Vandalen, Araber, ja Aragoneser,

lösten sich ab als Maltas Inselbundverweser.

Semitisch ist die Sprache, lateinisch die Buchstaben für Leser.

Auf die Steinzeitbauten hebt die Unesco ihre Gläser;

die Steinquader wirken, als wären Riesen gewesen die Fräser.

Die Vogeljagd ist wegen des Artensterbens ein böser

Zeitvertreib. Auch Wasserversorger werden immer nervöser;

statt Bäumen wachsen ohnehin fast nur Gräser.

Sehr wenig zu tun gäbe es hier für Flößer.

Auf Gozo liefern Ziegen feine Milch für Käser.

Auf Malta werden Halbleiter gebaut, u.a. für Laser.

In Valletta sieht man in der Malta Pride Parade bunte Blazer,

tags darauf ehren den Sankt Augustin Posaunenbläser.

Auch mit Steuervorteilen locken die Malteser.

Moldau

Nordwestlich von Rumänien liegt die Republik Moldau,

mit ihrer Hauptstadt Chişinău.

Dnister, Raut, Botna und Pruth heißen ihre Flüsse, die auch blau.

Nur eine Moldau gibt's hier nicht, der Pruth mündet in die Donau.

Flache Hügel, viel Sonne und Schwarz-Erde-Stau

ermöglichen Obst- und Weinanbau.

In der Landesmitte prangt Eichen- und Buchengehau,

in dem es sich sehr gut lebt für Luchs und wilde Sau.

Ökologisch ist Moldau der einzige europäische Gau,

dessen Entwicklung innerhalb der Belastungsgrenzen – wie schlau!

Die Russen versuchten sich als Letzte im
Landesklau,

auch die Osmanen, Habsburger und Rumänen
wollten es schon mal für lau.

Gegenüber den Russen ist die Stimmung heute
wieder mau,

seitdem die Ukraine versinkt in der Ruinen Grau.

EU-Beitritt möglich – wer weiß das schon genau?

Monegassen

Auf einem Küstenhügel, einem selten nassen,

auf dem schon Griechen schlugen kleine Trassen,

sitzen wohlig warm die Monegassen.

Ihre Preise sind recht hoch für die Massen.

Hier tummeln sich vor allem die ob'ren Klassen,

die Steuerbehörden besonders krass hassen

und ihren Kaffee schlürfen aus feinen Tassen.

Gern begleitet von Hunden teurer Rassen.

Noble Geschäfte zieren die Gassen

mit Waren, die gut zu Reichen passen.

Auch im berühmten Casino klingeln die Kassen.

Ein Grimaldi holte sich Monaco, kaum zu fassen.

Er bat in Mönchskutte um Asyl, scheinbar verlassen.

In der Burg öffnete er seinen bewaffneten Kämpferassen,

die er hinter der Burg hatte warten lassen.

Seine Nachfolger zeigten allen, die ihr Land wollten, Grimassen

und ließen sich nie mehr schassen.

Montenegro

Das kleine Land hat mit Skadarsko Jezero

den größten See Südosteuropas, chapeau!

20 endemische Arten tanzen des Lebens Tango.

Zugvögel zeigen hier auch eine Show.

Ferner ist das Hochgebirge am Nordrand oho.

Erst 1516 sprach man vom Fürstbistum
Montenegro.

Es hat eine Rautenform wie der östlich gelegene
Kosovo.

Den Namen verdankt es Venedigs Dialekt
„Veneto".

Bis 1878 gehörte es zum Osmanischen
Untertanenzoo.

1910 war es über einen eig'nen König froh.

Die Eigenständigkeit ging aber bald wieder k.o.,

1922 optierten die Leute für Jugoslawien und so

herrschte im Land zuerst Tito, der blockfreie
Zampano,

und ab 1990 das schreckliche Kriegsfiasko,

nach dem das Land schrittweise in die Autonomie
floh.

Und das ist nun der Status quo.

Bei dem Beitrittskandidaten gilt schon heute der
Euro.

In den Niederlanden

Recht tief sitzt mensch in den Niederlanden.

Viele Schiffe pflegten hier anzulanden,

bepackt mit Waren, die großen Absatz fanden:

Gewürze, Stoffe oder Tulpenwurzelgirlanden,

die nach den Persern osmanische Hände wanden.

Händler, die sie im Ausland billig erstanden,

konnten sich mit den Gewinnen prächtig
gewanden

oder Kunst kaufen, deren Anziehungskräfte nie
schwanden.

In Rotterdams Hafen wird Öl vertrieben aus
Wüstensanden.

Nicht beliebt ist Geld aus dem Geschäft von
Drogenbanden.

Hinter Luthers Lehre hier früh viele standen.

Sogar Philipp II.s Armee ließen sie erfolglos stranden,

als sich protestantische Gebiete in der Utrechter Union verbanden,

was katholische Nachbarkönige als sehr frech empfanden.

Nordmazedonin und Nordmazedone

Laut Flagge beruft sich der Nordmazedone

gern auf Alexander, den großen Sohne.

Doch der fühlte sich unwohl in der Schablone.

Damals in Olympia scherte Alexanders Krone

die fürs Wagenrennen Zuständigen nicht die Bohne.

Für sie war er kein Grieche, bloß Makedone.

Nur seines Ahns zuliebe durfte sein Gespann die Pylone

doch noch umrunden. Dass er im Norden als Hellene wohne,

schon weil er mit Aristoteles aß Minestrone,

war für Alexander klar. Fern von seinem Throne

bezwang er für alle Griechen das Perserheer, das ja nicht ohne.

Bis nach Indien zog er, dort wuchs die Zitrone.

Lebte er heute, zählte er zu den Makedonen,

die im Norden von Griechenland wohnen.

Nördlich davon leben nun die Nordmazedonen,

von denen die meisten ihr slawisches Erbe
betonen.

Die anderen Ethnien stammen aus acht
Regionen,

die sich bei Konflikten mit Worten nicht
schonen,

ja, nicht immer die Finger lassen von Kanonen.

Ökologisch gehört das Land zu den artenreichen
Zonen,

so dass sich Touren in die unberührte Natur sehr
lohnen.

Norwegen

Oftmals führend auf Indexlisten ist Norwegen,

wo sie gleichberechtigte Entwicklung pflegen.

An den Küsten im Westen, den sehr schrägen,

sich Fjorde malerisch in die Landschaft sägen.

Vom Meer her weht es jede Menge Regen.

Hierher stammt auch der Ölfelder Segen,

die den üppigen Staatsetat prägen.

Fische lassen sich dort fangen, Wild erlegen.

Aber die Böden geben wenig her für Mägen.

Diese Not machte frühe Norweger zu Strategen.

Sie führten Schwert und Axt, keinen Degen.

Mit der Axt bauten sie zudem an langen Stegen

die berüchtigten Langschiffe, die sogar gegen

Winde segeln und Ausgeraubte sehr erregen.

Gekauftes transportieren sie auch auf langen
Wegen.

Es ist erstaunlich, wo Wikinger ihre Waren
auslegen

und welche Gütervielfalt sie dabei bewegen,

wobei Schweden sich erweisen als Kollegen.

Sogar über Grönland hinaus Wikingerschiffe
fegen.

In Island wohnen Nachfahren, die ihr Erbe
hegen.

Österreicher

„Nube, felix Austria" war lange das Motto der
Österreicher,

eine Methode, die verglichen mit der preußischen
weicher.

Mit ihr wurden die Habsburger Global Player
und reicher.

Kinder gebar Theresia genug, Garanten gegen
Erbschleicher.

Allerdings fanden manche Austrier andere
gleicher.

Schließlich endete K.u.K. auf der Geschichte
Speicher.

Was blieb, war die Begeisterung für konzertante
Streicher.

Nur bei einem Namen werden heute alle
bleicher.

Polen

Jahrhundertelang musste das Land Polen,

kämpfen, um sich seine Freiheit zu holen,

weil es eingezwängt war zwischen feindlichen
Polen.

Dieses schöne Land ist reich an Kohlen,

Feldern und Wäldern. Auch Wildpferdfohlen

und Bisons sind zu bestaunen, genau wie Dohlen.

Es war die Solidarnosc mit ihren Parolen,

die mutig rüttelte an Russlands Herrschafts-
symbolen;

ihre Führer*innen wurden zu Freiheitsidolen.

Leider würden etliche Polen LGBT-Leute gerne versohlen.

Das haben ihnen Kirche und Piss-Partei empfohlen.

Die beiden haben den Polen ein Stück Freiheit gestohlen.

Wahrlich kein Grund, um Beifall zu johlen!

Doch in großer Einigkeit zeigen die Polen unverhohlen,

was sie halten von russischen Gewaltmonopolen:

rasch liefern sie der Ukraine vieles, von Panzern bis Pistolen.

Portugiesen

Nah am Meer wohnen viele Portugiesen,

ein guter Ort, um neue Seewege zu erschließen

und zu sehen, wie Meeresströme fließen.

Um Indiens Gewürze auf schnellstem Wege zu
genießen,

ließ Magellan sich nicht verdrießen,

bis Winde nach etlichen Krisen

seine Schiffe in den Pazifik bliesen,

nördlich von Kap Horn, dem fiesen.

Durch eine Weltumseglung hat dessen Crew
bewiesen,

dass die Erde rund, nachdem Einheimische mit
Spießen

ihn selbst auf einer Insel nicht entkommen ließen.

Stattdessen huben sie an zu schießen

und töteten den Entdeckerriesen.

Vom Reichtum Portugals zeugen heute schöne
Fliesen.

Ihre Wirtschaft steckte freilich schon oft in den
Miesen.

Dafür träumen sie noch immer von fernen
Paradiesen.

Rumänen

Westlich der Donaumündung wohnen die
Rumänen.

In 148 Vogelschutzgebieten wohnen neben
Schwänen

Rosapelikane und Großtrappen mit feinen
Federsträhnen.

Das Gold der Provinz Dacia sollte dienen
römischen Plänen,

bevor heidnische Völker eindrangen, die Hand an
Zugtiermähnen,

weil sie sich nach fruchtbaren Böden sehnen.

Später sind es christliche Rumänen, die das Land
belehnen,

wenn es nicht ungarische Fürsten halten für ihre
eig'nen Domänen.

Unter dem Osmanischen Reich flossen Tränen.

Später folgten unter dem Zaren ähnliche Szenen.

Erst 1920 segelte das ganze Land unter eigenen Kapitänen.

Man sollte unbedingt noch erwähnen,

dass die Idee zu Draculas Saugezähnen,

die spritzen lassen Blutfontänen,

von Vlad I. stamme, fürwahr kein Fürst zum Gähnen!

Russland

Als größtes Land der Welt ist Russland bekannt;

ein Neuntel der Weltlandmasse ist in russischer
Hand.

Nach Sibirien wurden sogar Leute zur Strafe
verbannt.

Nicht nur bei der Bevölkerungsverteilung ist der
Westteil dominant.

Insgesamt 100 Ethnien leben im riesigen
Vielvölkerland.

Die Russische Föderation aus dem
Großfürstentum Moskau entstand,

für die Kiewer Rus im 9. Jahrhundert bloß ein
Fürstentum in ihrem Bestand.

Sehr viele Völker zogen hier durch oder kamen
als Eroberer gerannt.

Besonders Reitervölker legten jahrhundertelang Städte in Brand.

Bei der Einschätzung der Winter erwies sich nicht nur ein Feldherr als Ignorant.

Russische Zaren scheiterten in vielen Fragen eklatant,

so dass den letzten Revolutionäre hinwegfegten, die erkannt,

dass ein Karl Marx in seinem „Kapital" genannten Band

Herrschaftsverhältnisse analysierte mit Verstand.

Sowjets, also Räte, übernahmen die Herrschaft rasant.

Was Stalin später daraus machte, war eine Schand'.

Trotz aller Nachteile die russische Armee Hitlers Truppen überwand,

stolz trugen Veteran*innen ihre Orden Kant' an Kant'.

Den ersten Menschen schossen Russen an den Erdumlaufrand.

Im Wettlauf mit den Amis sind sie seit langem angespannt,

ihr Waffenarsenal nie merklich schwand.

Zu oft fühlten sie sich gedrückt an eine Wand.

Ihr Reichtum an Bodenschätzen ist frappant:

Öl, Gas, Nickel, Gold, Kupfer und mancher Diamant.

Trotzdem wird viel Wodka getrunken und gebrannt.

In ihren Wohnungen horten sie bunten Tand.

Viele Junge wünschen sich, ihr Staatschef sei ein Freiheitsgarant,

doch bisher bauten diese Hoffnungen auf Sand.

2022 ist nichts mehr übrig von Putins
Schafsgewand,

sogar die freie Ukraine, einst Bruderland,

greift er an, als löse er bloß ein sein Pfand.

Zu Recht nennt ihn Präsident Selenskyj
„Okkupant".

Entschlossen zeigt der Westen Widerstand.

San Marino

An den Hängen des Monte Titano,
zugleich Welterbe der UNESCO,
liegt die Republik San Marino.
Seit 301 ist sie über ihre Freiheit froh
als Greisin im Republikenzoo,
eine durchgehend ältere gibt es nirgendwo.

Pro Kopf sind ihre Kennzahlen oho,
das Staatskonto zeigt stets ein Plus im Saldo.
Gesprochen wird in italiano.
Die Gründungslegende dazu geht so:
Marinus, fest in seinem Glauben an Christo,
hierher vor Diokletians Verfolgung floh.
Neben ihm betteten sich auch andere auf Stroh.

Später bestimmten nur noch Christen die Show,

drei Burgen wurden hier gebaut und hoben das Niveau.

Alle Gesetze erließ der Familienhäupterrat, der Arengo.

Mehrere Versuche der Unterwerfung, die auch roh,

wehrte San Marino ab; hell brennt seiner Freiheit Loh'!

Schotten

Ganz oben in Britanniens Norden leben die
Schotten

mit ihren eifrigen Fischerbootsflotten.

Die fangen Krabben, Lachse, Heringe und
Sprotten

Schon zum Frühstück gibt es davon, meist
gesotten.

Berühmt sind die Schotten für weitere Marotten.

Besonders die Männer in ihren Kilts spotten

der Männermode auf dem Kontinent, dem
polyglotten.

Die Kilts sind nicht nur begehrt bei Motten.

Mit dem Dudelsack pflegten Schotten, englische Heere zu verspotten,

die oft versuchten, schottische Freiheitskämpfer auszurotten.

Nach Culloden mussten alle nach der englischen Pfeife trotten.

Heute wollen sich Scexitbefürworter zusammenrotten,

gut erkennbar an blau-weißen Fahnen und Klamotten.

Ob es ihnen gelingt, sich von England abzuschotten?

Schweden

In früheren Zeiten bevorzugten die Schweden

das Kämpfen deutlich vor dem Reden.

Als Wikinger steckten sie ständig in Fehden,

zogen aber auch viele Handelsfäden.

Ihre Böden waren eben nicht der Garten Eden,

die ernährt hätten alle und jeden.

Schweizer

Froh über ihre Neutralität sind die Schweizer,

die in ihren Chalets gute Heizer.

Fließt Geld zu, brillieren sie als Gesetzesausreizer.

Beim Geldzählen sind sie eifrige Fingerspreizer,

beim Geldausgeben aber keine Geizer.

Es erstreckt sich ein Sprachenriss

durch die Schweiz et à travers la Suisse.

Dass das Land schöne Berge hat, ist gewiss.

Nur das Gletschertauen führt zu Bergkamm-
Spliss.

Schweizer Schokolade hat zarten Schmelz und
Biss;

Schweizer Präzision duldet keinerlei Beschiss.

Geheim bleibt, wer sein Geld auf hiesige Konten
schmiss.

Serben

Kaiser Karls Einhard erwähnt erstmals die
Serben.

Mit den Osmanen kommt es zu derben

Schlachten, die auch das Amselfeld färben.

Die Osmanen herrschen schließlich auf den
Scherben.

Immer wieder schlagen Aufstände Kerben.

In Sarajevo muss ein Habsburger sterben.

Fürs Weltkriegssterben danach gibt es andere
Verben.

Die Balkankriege bringen ab 1990 Verderben.

Beim Anbau von Weinen, lieblichen und herben,

geschickt sowie beim Teppichknüpfen und
Gerben

sind die stolzen serbischen Erben,

die sich nun um den EU-Beitritt bewerben.

Slowakei

Die Moravany-Venus ist ihr berühmter
Steinzeitnackedei.

Etliche Frühkulturen zogen hier ihren Pflug aus
Geweih.

Die Kelten formten später Gold, Eisen oder Blei.

Es kamen Quaden, Römer und die Hunnen mit
ihrer Reiterei,

dann Germanenstämme, der letzte zog weiter bis
zur Lombardei.

Ab dem 6. Jahrhundert war das Land für die
Slawen frei.

Unter Mährenfürst Ratislav besiegten sie die
Ostfranken mit Geschrei.

Ab 1108 beherrschte Ungarn 800 Jahre lang die Slowakei.

Entvölkert von Reiterscharen aus der Mongolei

lockte die Region erst Deutsche, dann Juden herbei.

Schlachten mit Türken und Ungarn verursachten übles Bohei.

Später war sie im Habsburger Reich als Teil Ungarns dabei.

Nach dem 1.Weltkrieg entstand die Tschechoslowakei.

Bedroht entschlossen sich die Slowaken zu einer Kumpanei

mit Hitlers Dritten Reich und machten mit bei der Barbarei.

Danach rückten die Russen an mit ihrer Tyrannei,

Slowaken und Tschechen taten sich zusammen als Lakai.

1993 teilte sich die Tschechoslowakei friedlich entzwei.

Seither kochen die Slowaken ihren eig'nen Brei,

der wie der tschechische üppig und deftig sei.

Sehr gut üben lässt sich hier die Bergsteigerei,

Hundert Zweitausender bilden Gebirgszüge Reih' um Reih'.

Der EU trat die Slowakei 2009 bei.

Slowenin und Slowene

Über eine uralte Neandertalerflöte freut sich der
Slowene,

der auf im 6. Jahrhundert siedelnde Slawen
zurückführt seine Gene.

Das Fürstentum Karantanien mensch zuerst hier
erwähne.

Als auf dem Lechfeld die deutschen Stämme
siegten mit Glückes Strähne,

wollte der Sieger Otto als Kaiser, dass sich sein
Reich nach Osten dehne.

Karantanien wurde eine von bayerischen
Herzögen beleh'ne

Region. Als Herzogtum Kärnten bezeichneten es
jene.

Später wurde es fester Teil Habsburger
Reichausweit- und -bewahrpläne.

Erst 1918 zeigten Slowenen nationalbewusst ihre Zähne;

in einem Königreich mit Serben und Kroaten zu sein, gefiel ihnen bene.

Damit sich die Bevölkerung nicht noch mehr auflehne,

deportierten Nazis 80.000 Slowenen. Sogar eine Kindermähne

schützte nicht vor Deportation und schon gar keine Träne.

Nach dem Krieg litten dafür deutsche Minderheiten unter des Hasses Hyäne.

Ab 1945 beherrschte die Volksrepublik Jugoslawien die Szene.

1991 lockte der Frieden nach 10 Tagen Krieg als unwiderstehliche Sirene.

Seit 2007 ist Slowenien einer der EU-Staaten-Kähne,

die sich bemühen um eine harmon'sche Politökumene.

In Slowenien sprudelt eine mächtige biodiverse Fontäne.

In vielen Schutzgebieten finden sich nicht nur Auerhähne.

1217 Naturdenkmäler zeigen besondere Phänomene.

Was wäre das Grüne Band Europas ohne hiesige Naturschutzkapitäne?

Spanier, früher Iberer

Viel von den Römern übernahmen die Iberer.

Mauren waren später ebenso ihre Lehrer.

Wer wäre auch kein Alhambra-Verehrer?

Kolumbus, der Seewegsausscherer

und glorreiche „Indien"-Heimkehrer,

wurde zum spanischen Reichtumsmehrer,

zugleich die Inkagoldkammern immer leerer.

Für den grausigen Stierkampf benötigt man
Erklärer.

Schließlich sind die Stiere nur ihrer Haut
Erwehrer.

Dafür sind die Spanier bei Gemüse Europas
Ernährer.

Die Provinzen zusammenzuhalten, wird immer
schwerer,

nach den Katalanen ginge die Steuerlastverteilung
auch fairer.

Tschechen

Dolní Věstonice beweist, dass an tschechischen Bächen

Menschen seit langem schleifen Steinesflächen.

Die Besiedlungsdichte der Markomannen zeigte Schwächen.

Im 6. Jahrhundert wanderten daher ein die Tschechen.

Ihren ersten Königen nutzen die Sonderrechtsversprechen

der deutschen Kaiser; Vorteile bringen auch reiche Zechen.

Prag ist bekannt, in gold'ner Schönheit herauszustechen.

Nur der Fenstersturz in seinen Mauern wird sich rächen,

Landsknechte werden morden bis zum Erbrechen.

1939 sind es die Nazis, die sich erfrechen,

Tschechien einzunehmen wie Laub mit einem Rechen.

Dafür müssen später deutsche Minderheiten blechen,

die vertrieben werden ohne Rücksicht auf Gebrechen.

1968 müssen die Russen tschechischen Widerstand brechen,

weil die keine Lust haben, den Forderungen zu entsprechen.

Erst ab 1989 darf eine bessere Zeit anbrechen.

Ab 2004 können die Tschechen als EU-Mitglieder sprechen.

Türkei

In Göbekli Tepe stand die weltweit erste
Brauerei.

Bauern von dort brachten anderen das Säen bei.

Die Hethiter formten schon einen Eisenbrei.

Der half aber Troja nicht gegen Odysseus'
Trickserei.

Zur Römerzeit war das Land, das heute die
Türkei,

aufgeteilt und manch König römischer Lakai,

bis die Turkmenen kamen mit ihrer Reiterei.

Später zogen Mohammeds Jünger vorbei

und überzeugten fast alle, dass der Koran super
sei.

Wo fortan die Seldschuken angriffen, herrschte
Wehgeschrei.

Das Osmanische Reich eroberte darüber hinaus allerlei.

Sogar Wien war um Haaresbreite dabei.

Mit dem Deutschen Reich gab es eine Kumpanei.

Das führte nach dem Krieg zu fremder Tyrannei.

Erst durch Atatürk wurde die heutige Türkei wieder frei;

dafür setzten die Drucker nun Lateinisches in Blei.

Erdogan hob Versorgungssysteme auf die Stufe „high“,

doch vor Kritik will er geschützt werden wie ein rohes Ei.

Türeci und Sahin revolutionieren die Impferei.

Ukraine

Nördlich des Schwarzen Meeres liegt die
Ukraine.

Mancher Kohlehort ging' fast durch als Saline,

tatsächlich ist die Bezeichnung „Salzkohlemine".

In den Karpaten rutscht auch mal 'ne Lawine.

Im Süden wächst alles von der Aubergine

über Getreide bis zur Sultanine.

Froh brummt hier die Erntemaschine,

und an den Feldrainen sammelt die Biene.

Im Erdenkuchen ist der Boden die Rosine.

Früher hing alles ab von Moskaus Miene.

Auch heute gibt es „Ras-Putine".

Seit Ukrainer Freiheit wählen in der Kabine,

eine ganz und gar vom großen Nachbarn
unbelieh'ne,

verlegt sich Putin auf die militär'sche Schiene,

um zu halten die alte Landesteilpraline.

Obwohl Diplomatenköpfe weltweit rauchen wie
Kamine,

wird durch Panzer, Luftbeschuss und russische
Marine

nicht nur die Nachkriegsordnung zur Ruine.

Das Sowjetreich, einst gegründet, dass es
unterdrückten Menschen diene,

mit Gewalt ausgedehnt, lange gehalten hinter
eiserner Gardine,

verkommt zum Relikt für die Vitrine.

Ungarn oder Magyaren

Die Ungarn nennen sich selbst Magyaren,

Denn Ugrisch ist die Sprache ihrer Vorfahren,

die ziemlich sicher nicht die Hunnen waren.

Zu den Pyrenäen drangen aber auch ihre
Kriegerscharen.

Tief liegen die Ebenen, nicht hoch sind die raren

Berge, einzelne Seeufer gefallen streng
geschützten Vogelpaaren.

Ihren ersten König krönten sie vor mehr als
tausend Jahren,

Sein Standbild zeigt Stephan I. mit langen Haaren

und seiner Krone, einer künstlerisch
wunderbaren.

Als die Mongolen wüteten, brauchten sie viele
Bahren.

Weniger Opfer forderten ihre Kämpfe gegen die
Janitscharen

der Osmanen, die ihre Herrschaft über 145 Jahre
bewahren.

Dann rücken die Habsburger Heere an mit
Fanfaren.

Lange muss die ungarische Wut auf kleiner
Flamme garen,

bis es 1918 zu Wiener Verzichtserklärungen
kommt, schon sehr klaren.

Als 1956 sowjetische Panzer auffahren,

beugen sich die Ungarn den Nachfolgern der
Zaren.

Unter Orban pflegen sich Ressentiments zu
offenbaren,

die sich mensch in Zukunft sollte sparen.

Vatikan

Für ihren Ministaat wählte die Kirche den
Vatikan,

also den Hügel, auf dem Petrus (gemäß Gottes
Plan?)

kopfüber den Tod am Kreuz erlitt- wie inhuman!

Viel umfangreicher ist, was Katholiken an Bösem
getan.

Freigeistern fühlten sie peinlich auf den Zahn,

überführte Ketzer und Hexen zündeten sie an.

Kreuzzüge organisierten sie gegen den Islam.

Ihre Mission löschte Hochkulturen aus rings um
Yucatán.

Hieß es nicht, Gott sei lieb, damals auf Petri
Kahn?

Die Päpste selbst residierten im Palast Lateran

oder verlustierten sich trotz Zölibat als Galan.

Während Gläubige hungerten, aßen sie Fasan.

Zum Bau des Doms startete Julius II. den Ablasswahn.

Den Luther, der fürchtete um der Seelen freie Bahn,

bedrohte mit dem Tod der Papstgesandte Cajetan.

Nach kirchlichen Verbrechen krähte freilich nie ein Hahn,

auch wenn sie zahlreich wie Schiffe auf dem Ozean.

Alle schwiegen, als seien sie ein Mafia-Clan,

egal ob Nonne, Kardinal, Papst oder Kaplan.

Mit ihrem Geld sammelte Ecclesia Kunstschätze an,

von Marmorstatuen bis zu Ledas gemaltem Schwan,

von Chagall bis zu einem antiken Pan.

An Immobilien der Kirche arbeitet so mancher Kran.

Beim Thema „Geldvermehrung" denkt sie ganz profan.

Laienverbände entzünden immer wieder einen Hoffnungspan;

bis jetzt haben Kirchenführer all diese Chancen vertan.

Vielleicht fängt doch mal einer oder eine damit an.

Zyprioten

Im Mittelmeerraum erreicht Zypern für seinen
Wald beste Noten.

Bloß vom Eigenanbau haben sie seit jeher genug
zum Schroten,

so dass es keinen Mangel gab und gibt an Broten.

Das gilt auch für Gemüsesorten, ob Wurzeln
oder Schoten.

Bestimmte Eichen und Zedern sind endemische
Exoten.

Hardune leben ferner hier auf ihren Echsen-
pfoten.

Seit der Bronzezeit wurde auf der Insel Kupfer
angeboten,

die ganze Levante belieferten sie mit ihren
Booten.

Später eroberte sie Alexander mit seinen
Kampfzeloten,

ehe Rom, Damaskus und Byzanz sorgten für
Herrscheranekdoten.

Danach hatten Kreuzritter das Sagen und
begruben hier ihre Toten.

300 Jahre dauerte die osmanische Herrschaft
über die Zyprioten.

Ein Sultan verpachtete Zypern 1878 an die
Briten, als Kämpfe drohten.

Die bauten hier zwei Militärbasen und
stationierten Piloten.

Zyprer, die zu den Griechen wollten, versuchten
auszuloten,

ob sich Wege zu einer Angliederung boten.

Dabei agierten sie auch als mordende Chaoten,

was bei den Türken und der UNO die Alarmleuchten, die roten,

angehen ließ. Die Zypernfrage erinnert an den gordischen Knoten,

im Norden Türken, im Süden Griechen, die je für ihre Seite promoten.

Gegen einen einzigen Staat fiel die Entscheidung aus beim Voten.

Zypern im Süden ist seit 2004 einer der östlichen EU-Vorboten.

Derzeit nähern sich beide Seiten an, sie sind eben keine Idioten.

„Ein verwegenes Vorhaben, die Evolution zu reimen! Aber perfekt umgesetzt: Das Gedicht fasst die wichtigsten Entwicklungen genial zusammen. Ich habe es verschlungen." (Wolfgang Funke, Diplom-Biologe und Sachbuchautor)

„Gereimte Evolution" ist echt klasse, sehr amüsant und sehr treffend." (Jutta Schedler, Diplom-Biologin)

ISBN 978-37-4318-093-2

7714 v. Chr. im Fruchtbaren Halbmond, an einem der Zuflüsse des Tigris: In dem jungsteinzeitlichen Volk der Gabbtaraner sind Männer als Brüder, Söhne und Liebhaber geachtet, aber „Ehemänner" oder „Väter" völlig unbekannt.

Da bringt die Farbmutation in einer Pferdeherde den angehenden Mann Horfet auf eine ungeheuerliche Idee. Ausgerechnet ein Verstoßener namens Boritak, der sich nur durch eine Lüge Zugang zu Horfets Dorf verschaffen konnte, stärkt dem jungen Mann den Rücken, als dieser schon aufgeben will. Doch Boritaks Absichten sind alles andere als lauter. Rach- und Geltungssucht beherrschen sein Denken. Geschickt manipuliert er Horfet, bis dieser tatsächlich etwas erlebt, das nicht nur sein Leben entscheidend verändert.

ISBN 978-38-4426-354-1